ANNE-MARIE DESPLAT-DUC

Marie Antoinette et ses soeurs

Tome 2 : Premiers bals

Illustrations de Le Lapain

Flammarion Jeunesse

Dans la même série :

Marie Antoinette et ses soeurs

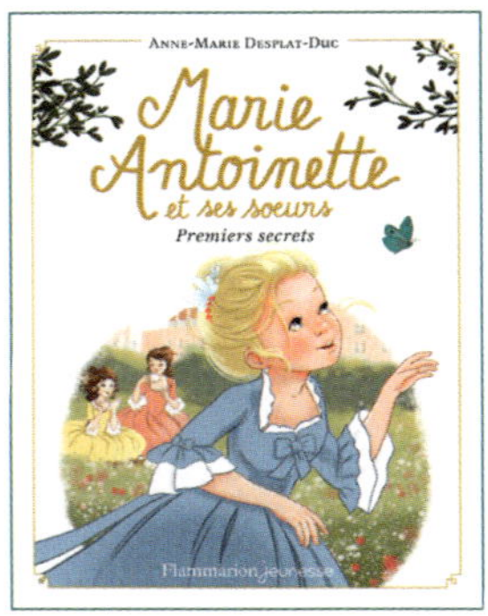

Tome 1, *Premiers secrets.*

Dépôt légal : juin 2019

87, quai Panhard-et-Levassor – 75647 Paris Cedex 13
ISBN : 978-2-0814-7642-4 / N° d'édition : L.01EJEN001601.N001
Loi n° 49-956 du 16 juillet 1949 sur les publications destinées à la jeunesse
Imprimé par PB Tisk (République Tchèque) en mai 2019

Voici comment tout a commencé

Versailles est un lieu magnifique où plane l'âme de ceux qui y ont vécu. J'en suis persuadée.

Lors d'une de mes visites, j'ai découvert à Trianon un tableau représentant Marie-Antoinette dansant avec ses frères Ferdinand et Maximilien. Elle devait avoir 7 ou 8 ans. Ce n'est pas l'image que l'on a de cette malheureuse reine. On connaît surtout l'épouse de Louis XVI, mais on sait peu de chose de son enfance.

Alors, j'ai eu envie d'enquêter sur sa vie à Vienne avec ses sœurs et ses frères.

Ce fut passionnant !

Je vous propose donc de découvrir la vie d'Antonia et de ses sœurs.

Anne-Marie Desplat-Duc

Découvrez la famille de Marie-Antoinette à la fin du roman !

Chapitre 1

Une bonne nouvelle

Antonia et ses sœurs se plaisent à Schönbrunn.

Ce palais, situé à une lieue et demie[1] de la résidence d'hiver de la Hofburg, est vaste et les jardins sont ravissants. L'Impératrice apprécie également cette bâtisse qu'elle a fait transformer et agrandir selon ses goûts, dans le style rococo. Elle y organise de somptueuses fêtes qui

1. 6,5 km environ. 1 lieue est égale à environ 4 km selon les régions ou les pays.

s'achèvent par des bals sous les lampions et de splendides feux d'artifice.

La famille impériale est installée depuis plusieurs semaines lorsqu'Isabelle, l'épouse de Joseph, héritier de la couronne, convie les filles de l'archiduchesse à un goûter champêtre. Comme chaque fois, Antonia est excitée à l'idée de passer un agréable moment en compagnie de sa belle-sœur, tout juste âgée de dix-neuf ans. Pourtant, elle est un peu déçue de n'être pas la seule invitée.

— Je n'aime point trop partager l'attention d'Isabelle avec mes autres sœurs, explique-t-elle à Mme de Brandeiss, sa gouvernante, qui lui reproche son air maussade.

Tables, chaises et fauteuils ont été installés sous un gros chêne, et Isabelle y a fait transporter des sirops de fruit rafraîchis, des massepains[2], des confitures. Le temps est superbe.

Antonia a harcelé sa gouvernante pour arriver avant les autres. Elle tient contre elle son chien Mops, qui ne la quitte plus.

Dès qu'elle aperçoit Isabelle, elle lâche Mops, court vers elle et se jette dans ses bras. Habituellement, la jeune femme soulève Antonia pour l'embrasser. Aujourd'hui, elle se contente de l'accueillir en lui disant :

— Vous êtes la première. Prenez un verre de sirop en attendant les autres.

La fillette se croit en disgrâce. Qu'a-t-elle fait pour mériter une telle froideur ?

Les quatre grandes archiduchesses arrivent bientôt, bavardant entre elles, tandis que les trois plus jeunes suivent en chantonnant.

— Vous voilà donc toutes les huit, s'exclame Isabelle. Asseyez-vous et écoutez-moi.

2. Pâtisserie qui ressemble aux macarons.

— Vous allez nous chanter quelque chose ? s'informe Charlotte.

— Non point. J'ai une information importante à vous communiquer. Je suis enceinte, annonce Isabelle.

Les cris de joie retentissent, les archiduchesses se lèvent pour féliciter la future maman.

— Joseph doit être si heureux !

— Et nos parents donc !

— Pourvu que ce soit un garçon !

— Cela est indispensable pour assurer un héritier au trône.

Antonia est muette. Elle est contente pour Isabelle et son frère, mais elle craint que sa belle-sœur ne lui porte plus autant d'attention. Elle se force à sourire et à féliciter la jeune femme, puis elle attrape Mops pour le câliner et se gave de sucreries afin d'atténuer son chagrin.

Antonia décide alors de profiter le plus possible d'Isabelle avant la venue de ce bébé qui monopolisera la tendresse de sa maman. Elle lui rend donc de fréquentes visites. Mme de Brandeiss ne les interdit pas, car

Isabelle a une bonne influence sur la fantasque Antonia. Elle lui apprend des poésies et même quelques rudiments de violon.

Ce jour-là, Isabelle et Antonia viennent de saisir leurs ombrelles pour aller marcher dans le parc, lorsque Christine entre dans la chambre, le visage rougi par les larmes. Étonnée de trouver sa jeune sœur, elle s'arrête sur le seuil, mais ne parvenant plus à canaliser sa colère, elle explose :

— Louis-Eugène va se marier !

— Oh, ma pauvre amie, la plaint Isabelle.

— N'était-ce pas avec lui que tu étais secrètement fiancée ? interroge candidement Antonia.

— Si. Seulement mère a refusé que je l'épouse. J'espérais qu'elle finirait par céder. Je l'aimais depuis plusieurs années déjà, termine Christine en sanglotant.

— Il est vrai que ce n'était pas un parti digne de vous, reprend Isabelle en entourant affectueusement les épaules de Christine de son bras.

— Et sais-tu qui il épouse ? demande Antonia.

— La comtesse Sophie de Beichlinger. Une vieille de trente-quatre ans !

— Eh bien, au moins, vous avez la satisfaction de vous dire que ce n'est pas un mariage d'amour. Bien qu'il ait trente ans, Louis-Eugène obéit à sa famille comme nous sommes obligés de le faire.

Cette explication finit par calmer Christine qui sèche ses larmes et avoue :

— Voilà pourquoi je ne l'ai pas vu depuis plusieurs mois… Mais tout de même, il a été vite consolé ! Il aurait pu résister à ses parents avec plus de vigueur et attendre au moins un an avant de se marier.

— C'est un goujat ! s'emporte Antonia, comme si elle était experte en relations amoureuses.

— Vous savez que vous pouvez compter sur moi. Une amitié sincère peut consoler de bien des chagrins, assure Isabelle.

— Peut-être, répond distraitement Christine. Je crains que mère n'en profite pour me proposer l'époux qui satisfera ses ambitions politiques.

— Parfois, le choix de nos parents est le bon et…

— Non ! s'insurge Christine. Je ne me laisserai jamais imposer un époux pour lequel je n'aurais aucun sentiment.

— Moi de même ! lance Antonia avec assurance.

La révolte d'Antonia est si drôle qu'elle réussit à faire sourire sa sœur.

Chapitre 2

Une gentille espionne

Le ventre d'Isabelle s'est arrondi. Sur les conseils des médecins de la cour, elle demeure le plus souvent possible allongée et la vivacité et les bavardages d'Antonia la fatiguent vite.

— Madame Isabelle a besoin de repos, lui recommande sa gouvernante.

Antonia, qui ne veut pas céder si rapidement à un tel ordre, se glisse chaque jour dans les appartements de son frère, Mops sur les talons, afin de saluer sa belle-sœur. Parfois, elle lui récite une poésie qu'elle a mis beaucoup de cœur à apprendre, parfois, elle lui montre les exploits de Mops qui sait donner la patte. (Elle a passé des heures à le lui enseigner. Elle s'est fâchée lorsqu'il ne comprenait pas et l'a largement récompensé avec du sucre candi lorsqu'il réussissait l'exercice). Puis elle pose un baiser sur la main de la jeune femme en lui souhaitant une bonne journée.

Le reste du temps s'écoule fort agréablement. Il y a tant à faire à Schönbrunn !

En ce début d'après-midi, Antonia, Josépha et Jeanne-Gabrielle ont décidé d'aller en calèche jusqu'au petit château de Laxenburg. Charlotte et Louise de

Hesse, dont les parents sont des proches de l'Impératrice, les accompagnent. Charlotte est née deux jours avant Antonia et toutes les deux sont devenues d'inséparables amies. Elles sont un peu serrées dans la voiture légère, mais ce n'est que plus amusant.

L'Impératrice a fait tracer une allée ombragée d'une lieue qui relie le parc de Schönbrunn à celui de Laxenburg car elle aime beaucoup venir se reposer ou jouer aux cartes dans le charmant temple de Diane construit au carrefour de huit chemins.

— J'adore Laxenburg, assure Antonia. Je m'y sens vraiment chez moi. Comme… comme dans une vraie maison.

— Tu as raison, ajoute Josépha.

— Nous irons nous promener en barque sur l'étang ! s'enthousiasme Antonia.

Les jeunes filles, excitées par cette escapade en calèche et la perspective d'une promenade sur l'eau bavardent et se chamaillent.

Lorsqu'elles arrivent, Weber se précipite pour aider les jeunes filles à descendre de voiture. Antonia dépose Mops qui se met à courir sur l'herbe, heureux de se dégourdir les pattes. Elle le suit en criant :

— Mops ! Attends-moi, l'étang n'est pas de ce côté !

À proximité du bosquet des naïades, elle entend parler.

— Oh, oh, murmure-t-elle en se cachant derrière un arbre. Il y a là un couple d'amoureux.

— Laissons-les tranquilles, répond Charlotte qui l'a rejointe.

— Non. Voilà une nouvelle occasion d'exercer mes talents d'espionne !

Antonia se penche et aperçoit Amélie assise sur le rebord de la fontaine à côté d'un jeune homme qui semble avoir sensiblement son âge.

— Ah, mon ami, soupire Amélie, quel malheur d'être obligée de se cacher pour vous rencontrer.

— Las, être prince du petit duché des Deux-Ponts[3] n'est pas un titre assez conséquent aux yeux de votre mère.

— Nous la ferons fléchir.

— Je l'espère car mes sentiments pour vous grandissent de jour en jour.

— Les miens aussi, Charles-Auguste.

Antonia se recule, troublée. L'amour a lancé ses flèches dans le cœur de ses trois sœurs aînées en apportant bien des complications ! Pas une n'est complètement heureuse ! Est-ce donc si difficile de trouver le bonheur ?

3. Deux-Ponts est actuellement une ville allemande dans le Land de Rhénanie-Palatinat.

Elle va quitter discrètement sa cachette, lorsque Mops qui s'était couché à ses pieds, s'élance à la poursuite d'un oiseau en aboyant. Amélie reconnaît immédiatement le chien de sa sœur et, se levant vitement, elle l'interpelle :

— Ainsi, tu te caches pour m'espionner ?

— Pas du tout, se défend Antonia. J'allais voir les carpes du bassin et Mops m'a échappé.

Le prince du Palatinat s'est levé à son tour et, s'inclinant légèrement vers Antonia, il lui dit comme s'il était dans un salon pour une causerie :

— J'aime moi aussi beaucoup les carpes. J'en ai de fort belles dans les bassins du château de Neubourg.

Prise au dépourvu, Antonia bredouille :

— Ah… heu… tant mieux…

Puis, elle se met à courir en retroussant ses jupes et en hurlant :

— Mops ! Mops ! Reviens !

Chapitre 3

Un bel été

Le soir, lorsqu'il n'y a pas divertissement dans le parc, l'Impératrice aime réunir ses filles pour broder avec elles. Elle a entrepris de leur faire confectionner des médaillons de fleurs qui seront ensuite fixés au mur de la salle du petit déjeuner.

Si les aînées excellent dans les travaux d'aiguilles, Charlotte et Antonia ont plus de mal, mais elles se plient à cette activité afin de satisfaire leur mère.

Dès qu'elle le peut, Antonia préfère courir dans les jardins avec Mops et aller nourrir les animaux de la ménagerie. Jeanne-Gabrielle partage sa passion pour les bêtes, et elles échappent souvent à la surveillance de leur gouvernante pour se mêler, sans façon, aux équipes qui s'occupent des animaux.

— Weber, veux-tu aller chercher des fruits, de la verdure et des restes de brioche dans les cuisines ? demande Antonia avant chacune de leurs expéditions.

Weber s'exécute et revient, un panier bien rempli à son bras, puis il accompagne Antonia et sa sœur jusqu'à la ménagerie.

Le personnel est heureux et très honoré de guider les jeunes archiduchesses dans chaque cour aménagée pour les différents animaux.

— Comment vont les oui… les oui… bredouille Antonia qui ne se souvient plus du nom des petits singes[4].

— Les ouistitis, lui souffle Weber à l'oreille.

— Les ouistitis offerts par M. Buffon[5] à mon père, reprend Antonia avec assurance.

— L'un d'entre eux s'acclimate moins bien. Il ne mange pas.

Antonia s'approche de la cage grillagée et appelle doucement le petit singe blotti dans un coin. Il redresse la tête. Pendant quelques minutes, Antonia lui parle tendrement en agitant une grappe de groseilles bien rouges. Le ouistiti s'approche, saisit le fruit et avale quelques graines juteuses. L'acidité le fait grimacer. Antonia éclate de rire et dit à Weber :

4. Lire le tome 1, *Premiers secrets*.
5. Savant français, ami de l'empereur d'Autriche.

— Donnons-lui plutôt un morceau de poire, ce sera plus doux.

Weber mord dans le fruit et en tend un bout au singe qui s'en empare et le savoure tandis que le reste du groupe, qui jouait dans les branches et les cordes, s'avance pour profiter de la distribution de nourriture.

— Eh bien, Madame, voilà que ce ouistiti reprend goût à l'existence grâce à vous ! lance l'un des soigneurs.

Les deux fillettes ne répugnent pas à se salir pour donner du foin aux buffles et aux zèbres. Mais elles n'ont pas le droit de s'approcher du lion, le seul fauve de la ménagerie. Leur mère juge les fauves très dangereux et les a interdits à Schönbrunn.

— Il n'y aura que des herbivores ! avait-elle ordonné. Ainsi, il n'y aura jamais d'accident.

Pourtant leur père avait transgressé cette interdiction, prétextant que l'on ne pouvait refuser le cadeau d'un ambassadeur venu d'un pays d'Orient. C'est pourquoi un lion est pensionnaire de ce lieu.

— Plus tard, lorsque je serai reine ou impératrice, je posséderai une immense ménagerie où j'abriterai plein d'animaux venus des quatre coins de la terre ! promet Antonia.

— Moi de même.

Puis, prenant un air mystérieux et un rien supérieur, Jeanne-Gabrielle ajoute :

— Mère m'a appris hier que le mois prochain, j'allais être fiancée à Ferdinand 1er, roi de Sicile[6].

— Mais tu n'as que douze ans ! s'indigne sa sœur. Pourquoi ne commence-t-elle pas à marier Anne, Christine, Élisabeth et Amélie qui ont largement l'âge !

— J'avoue que je ne comprends pas non plus.

— Et je parie que lui est un vieux de plus de trente ans.

6. Le royaume de Naples et de Sicile est le plus vaste d'Italie. Naples est la 3e ville d'Europe.

— Perdu ! s'exclame joyeusement Jeanne-Gabrielle, il a un an de moins que moi. Mère m'a expliqué qu'il ne s'agissait point que je parte vivre à Naples pour le moment. Mais ce mariage est indispensable pour réconcilier nos deux familles, celle de Bourbon à laquelle il appartient et la nôtre.

— Oh, je suis contente que tu ne nous quittes pas si vite, parce que nous nous entendons bien.

— Moi aussi. Mon portrait va être exécuté et envoyé à Naples et j'attends avec impatience celui de mon promis. Pourvu qu'il ne soit pas trop laid afin que je puisse commencer à rêver de notre union !

— Vite, vite, profitons de notre liberté pour courir dans le parc !

Durant tout l'été, les conversations des archiduchesses et de leurs amies sont alimentées par les deux grands événements : le futur bébé d'Isabelle et les fiançailles de Jeanne-Gabrielle.

Jean-Étienne Liotard, un peintre suisse ayant acquis une excellente réputation dans toutes les cours d'Europe et qui a déjà exécuté voici plusieurs années le portrait de l'Impératrice et de son époux, est convié à Schönbrunn pour peindre les onze enfants du couple. Il choisit de faire des dessins aux trois crayons[7].

— Les crayons permettent d'exprimer la jeunesse, la fraîcheur et la fragilité beaucoup mieux que la peinture, explique-t-il à l'impératrice.

— Vous avez toute ma confiance, monsieur, lui répond-elle.

Les archiduchesses et les archiducs Pierre-Léopold, Ferdinand et Maximilien prennent la pose devant le peintre.

7. Dessin aux trois crayons : la pierre noire, la sanguine, la craie.

— On dit que Liotard ne cherche jamais à embellir ses modèles et qu'il les peint tels qu'ils sont, s'inquiète Antonia.

— Alors, je n'ai rien à craindre, je suis parfaite ! se vante Élisabeth.

— Il est vrai que tu es la plus jolie de nous toutes, reconnaît Josépha.

— Mais pas la plus modeste ! plaisante Christine. Ce n'est pas pour rien que mère t'appelle la « coquette », un mot très à la mode en France.

— Il est vrai que le ciel m'a gâtée. Il paraît que je suis le parti le plus recherché d'Europe. Mais je m'en moque puisque mon cœur est pris par Stanislas.

— Oh, tu ferais mieux d'oublier ton Stanislas de Poniatowski[8]. Sa réputation est des plus mauvaises ! lance Amélie.

— Ce ne sont que des mensonges.

8. Lire le tome 1, *Premiers secrets*.

Il m'a juré qu'il n'aimait que moi, se défend Élisabeth.

Josépha, lassée par la vantardise d'Élisabeth, reprend :

— Monsieur Liotard m'a proposé de me dessiner devant le clavecin parce que je suis une bonne musicienne.

— Et moi, en train de broder, ajoute Amélie, alors que ce n'est pas mon activité favorite.

— Il était sans doute à court d'idée. Il a choisi de m'installer devant un bureau, une plume à la main, poursuit Jeanne-Gabrielle. J'espère que mon promis me trouvera à son goût.

— Moi, je veux qu'il me dessine avec Mops, ou alors avec une rose parce que j'aime beaucoup les fleurs.

— Il est probable que nous n'aurons pas notre mot à dire, c'est lui qui décidera, affirme Christine.

— En tout cas, je voudrais que monsieur Liotard me raccourcisse un peu le front que j'ai trop haut et qu'il rende mes yeux moins globuleux, s'inquiète Antonia.

— Non, non, la taquine Charlotte, il te dessinera aussi vilaine que tu es !

— Méchante !

— Arrête de te dénigrer. Tu es celle qui a le plus de charme, poursuit Charlotte.

L'été est donc essentiellement occupé par les longs après-dîners où, chacun à son tour, les enfants de l'Impératrice posent pour le peintre. Mais après ces moments d'immobilité, les plus jeunes filles s'en donnent à cœur joie dans le parc !

Souvent, les princesses Charlotte et Louise de Hesse se mêlent aux jeux des archiduchesses.

— Plus on est de fous, plus on rit ! s'enthousiasme Antonia.

Chapitre 4

Un petit prodige

En cette mi-septembre de l'année 1762, la famille impériale d'Autriche passe ses derniers jours au palais d'été de Schönbrunn.

Alors que les huit archiduchesses sont réunies dans un salon pour broder et bavarder, leur mère annonce :

— Demain, nous allons recevoir un petit prodige qui m'a été longuement recommandé et dont on parle déjà beaucoup. Il vient de Salzbourg.

Antonia se penche vers Jeanne-Gabrielle et la questionne :

— Qu'est-ce qu'un prodige ?

— Quelqu'un d'extraordinaire, répond-elle discrètement.

Aussitôt, Antonia s'imagine un être fantastique. Peut-être a-t-il une crinière de lion ? Quatre bras ou six pieds ? Des ailes dans le dos ? Elle aurait aimé que ses sœurs posent des questions pour en apprendre davantage, mais aucune d'elles ne semble curieuse. Elle se refuse à interroger sa mère qui pourrait se fâcher de son ignorance. En tout cas, elle a hâte de voir ce prodige qui apportera un peu de nouveauté à leurs après-dîners.

Le moment venu, la famille impériale entre dans le grand salon joliment décoré de paysages alpestres exécutés par le peintre Joseph Rosa. Un clavecin trône au centre. Leur mère s'installe dans le vaste fauteuil qu'elle affectionne. Les archiduchesses s'assoient sur des pliants sans aucun protocole. Antonia se place à côté de Jeanne afin de pouvoir la questionner.

À peine sont-elles assises que la porte s'ouvre et que le majordome annonce :

— Monsieur Léopold Mozart et ses enfants.

Un homme grand, vêtu avec élégance pénètre dans la pièce. À sa droite, une fillette d'une dizaine d'années, à sa gauche, un garçonnet.

— Où est le prodige ? chuchote Antonia à sa sœur.

— Je crois que c'est le garçon.

— Ben… il doit avoir mon âge et il est tout ce qu'il y a de plus ordinaire.

Un coup de coude de sa sœur lui rappelle que le bavardage est interdit.

Le père s'incline profondément devant l'Impératrice.

— Votre sérénissime, j'ai l'honneur de vous présenter ma fille Anna-Maria âgée de dix ans et mon fils, Wolfgang Amadeus qui a juste six ans.

La fillette exécute une révérence parfaite.

— Ne porte-t-elle pas ta robe en taffetas blanc ? s'étonne Antonia en se penchant vers Charlotte.

— Si. Notre mère a dû la lui offrir. Je ne la mettais plus. Ce sont sans doute de pauvres gens.

Le garçonnet incline un peu gauchement la tête. Antonia le trouve attendrissant.

— Et lui, n'a-t-il pas le costume en soie lilas que Maximilien n'aimait pas ?

— En effet.

L'Impératrice lance un regard réprobateur aux bavardes qui baissent la tête, puis d'un geste élégant de la main, elle invite le visiteur à parler.

— Wolfgang va vous interpréter une œuvre qu'il a lui-même composée. Sa sœur assurera la partie chantée, annonce monsieur Mozart.

Le jeune garçon se retourne et se dirige à pas vifs vers le clavecin, comme si l'instrument l'attirait. Tout à coup, il glisse sur le parquet ciré et s'étale de tout son long.

Antonia se lève d'un bond et l'aide à se relever. Le jeune Mozart retient à grand-peine les larmes qui lui montent aux yeux. C'est la faute des nouvelles chaussures que l'Impératrice lui a offertes en même temps qu'un costume de cour agrémenté de dentelle un peu trop grand pour lui. Wolfgang s'est ridiculisé alors qu'il venait pour impressionner. Peut-être pour rattraper sa bévue et pour remercier cette archiduchesse pas plus âgée que lui, il lui dit :

— Vous êtes gentille. Quand je serai grand, je vous épouserai.

Antonia pense que ce prodige n'a vraiment rien de prodigieux et qu'il est même très orgueilleux pour oser prononcer une telle ânerie. En retournant s'asseoir, elle cache derrière sa main, le sourire ironique qui fait pétiller ses yeux.

Lorsque le père de Wolfgang aide le garçonnet à se hisser sur la chaise placée devant le clavier, Antonia se tourne vers Charlotte et murmure :

— Ses mains sont si petites. Que va-t-il pouvoir jouer ?

— Pas grand-chose à mon avis, lui répond sa sœur en pouffant de rire.

Ces deux-là s'entendent toujours bien lorsqu'il s'agit de se moquer des autres.

Pourtant, dès que les mains de Wolfgang prennent possession du clavier, la musique, légère, virevoltante envahit la pièce. Antonia ne quitte plus des yeux ce jeune musicien qui enchante l'assistance. Aucune nervosité, aucune appréhension ne le trouble. Il joue comme il respire. Sereinement. Antonia a du mal à admettre qu'un si jeune garçon puisse avoir autant de talent. Elle en est même un peu jalouse…

Elle qui a tant de peine à retenir quelques accords et qui rechigne chaque fois que son professeur de musique lui demande de faire des gammes. La voix d'Anna-Maria est pure, cristalline, mais on l'entend sans y prêter vraiment attention, tant l'oreille et le regard sont attirés par la performance de l'enfant musicien.

À la fin du morceau, il laisse retomber ses menottes sur ses genoux.

L'Impératrice applaudit, ce qui est très rare. À la cour, il n'est pas habituel qu'elle marque ainsi sa satisfaction. Emportées par cette spontanéité, ses filles applaudissent à leur tour. Wolfgang sourit. Son père l'avait prévenu qu'il était important pour leur famille qu'il plaise à Sa Majesté. Il a bien joué. Il a réussi à toucher l'assistance. Il est heureux. Alors, il saute de sa chaise et, avant que son père n'ait pu faire un geste pour le retenir, il court vers l'Impératrice, grimpe sur ses genoux et passe ses bras menus autour de son cou.

Sa Majesté éclate de rire en s'exclamant :

— Voilà un charmant musicien.

Les archiduchesses ne rient pas. Jamais aucune d'entre elles ne se serait permis une telle familiarité. S'asseoir sur les genoux de leur mère sans y être invité, c'est impensable !

— Ce Wolfgang Mozart est mal élevé, marmonne Anne.

— Je te l'accorde, souffle Élisabeth.

— Mais il a tellement de talent, dit Christine d'un ton admiratif.

— Vous peignez vous-même à merveille et l'on n'en fait pas toute une histoire, ajoute Élisabeth.

— Ce n'est point comparable. J'ai du talent, mais lui n'a que six ans et il a du génie.

Antonia est muette. Elle ne quitte pas des yeux ce garçon, blotti sur les genoux de sa mère. Elle l'envie. Faut-il savoir jouer du clavecin pour être câliné ?

Elle se promet de se mettre à l'ouvrage dès le lendemain.

Chapitre 5

La Saint-François

La fête préférée des archiducs et des archiduchesses est, à n'en point douter, celle donnée en l'honneur de leur père pour la Saint-François. Durant plusieurs semaines, les enfants s'y préparent avec joie et fébrilité. Ce jour-là est vraiment spécial. On joue de la musique, on chante, on danse, on interprète de charmantes scènes, on déclame de la poésie et, si le temps le permet, on pique-nique dans la nature.

L'Impératrice laisse de côté ses lourdes obligations pour consacrer cette journée à sa famille. Elle est gaie, félicite les jeunes artistes et partage le repas avec eux en riant, assise à l'ombre des grands arbres du parc.

Cette année, les enfants ont préparé une comédie-ballet. Gluck, le compositeur attitré de la Cour, a écrit la musique et les paroles, puis il a dirigé les répétitions. Il a dû trouver un rôle à la mesure de chaque enfant et cela n'a pas été simple.

Pour les aînés, il n'a pas rencontré de difficultés. Ces spectacles puérils ne les passionnent plus vraiment, mais ils s'y plient pour respecter la tradition. C'est lorsqu'il s'est agi d'attribuer un rôle aux plus jeunes que les problèmes ont surgi.

Tous voulaient être mis en avant pour briller devant leurs parents.

— Anne et Christine qui êtes les aînées, vous jouerez du piano à quatre mains. Léopold, vous avez maintenant quinze ans et vous maîtrisez parfaitement le violon. Quant à vous, Maximilien, vous serez parfait au tambour. Voilà pour l'orchestre.

Maximilien, six ans, est surnommé Gros Max par toute la famille tant il est joufflu. Il est content car il adore taper sur son tambour. Il a eu du mal à apprendre le bon rythme, mais Anne et Christine l'ont aidé. Elles ne voient pas souvent le petit dernier de la famille, toujours entre les mains de sa nourrice dans une aile du château réservée aux garçons. Elles sont donc heureuses de s'occuper de lui.

Gluck, le nez penché sur ses feuillets couverts de notes, poursuit :

— Élisabeth, Amélie et Jeanne-Gabrielle vous ferez entendre vos belles voix dans les chœurs. Quant aux plus jeunes, Josépha, Charlotte, Antonia et Ferdinand, vous danserez dans le ballet.

Antonia sourit. Elle adore danser. Elle aime aussi le chant, mais elle trouve que la danse la met plus en valeur. Charlotte est aussi une excellente danseuse, mais Josépha est plus pataude. Elle risque de nuire à l'harmonie du ballet. Quant à Ferdinand, il ne sera là que pour accompagner ses sœurs.

— Aurons-nous de beaux costumes ? interroge Antonia.

— Ce n'est pas un spectacle pour la Cour, mais uniquement pour l'Impératrice et son époux, aussi votre mère ne souhaite aucune tenue spéciale.

— Oh, dommage… J'aime tellement me déguiser.

Les répétitions durent plusieurs semaines. Et alors qu'Antonia n'est point assidue lorsqu'il s'agit de lire, d'écrire ou d'apprendre l'histoire et la géographie, elle ne manque aucune séance.

Pourtant, elle s'impatiente souvent lorsque le maître de ballet lui ordonne de recommencer une figure qu'elle maîtrise mal !

— J'étais parfaite ! s'entête-t-elle.

— Non point, Madame, vous avez tourné trop tôt et Charlotte n'a pas pu se placer comme il faut.

— Alors, c'est elle qui s'est trompée !

— Non, Madame, c'est vous qui étiez en avance de deux temps.

Antonia boude quelques instants, puis accepte de reprendre sa place.

— Compte les pas dans ta tête, lui recommande Charlotte. Si tu veux, je le ferai avec toi, ainsi nous serons parfaitement en mesure.

Antonia sourit à sa sœur, toujours prête à lui venir en aide.

— C'est bien ! l'encourage le maître de ballet. Maintenant, vous êtes en rythme !

Le jour de la Saint-François, malgré quelques fausses notes et quelques pas manqués, le public, conquis, applaudit sans retenue.

L'Empereur se lève même de son fauteuil et vient féliciter les artistes.

— Merci pour cet agréable moment, leur dit-il. De tous les spectacles de cour, celui-ci est mon favori.

— Nous sommes tous heureux de vous faire ce plaisir, ajoute Léopold.

— Comme vous, mon papa, j'aime beaucoup le théâtre, assure Antonia. Plus tard, je serai comédienne.

Toute la famille éclate de rire. Voilà bien la réflexion d'une jeune écervelée !

— Ce n'est pas un établissement digne d'une archiduchesse ! lui explique son père en retrouvant son sérieux.

Piquée au vif, Antonia se renfrogne et murmure pour elle seule : « Cela ne m'empêchera pas de continuer à jouer la comédie. »

Chapitre 6

Une naissance

L'automne est déjà bien avancé lorsqu'il est décidé de quitter la résidence estivale de Schönbrunn pour regagner la Hofburg. Ce déménagement a toujours lieu à peu près à la même date. Tout ce qui a été apporté au printemps doit revenir à la Hofburg. Les domestiques entassent les meubles, les tentures, les lits, la vaisselle, le linge, les habits dans des centaines de coffres qui sont hissés sur des charrettes.

À peine la famille a-t-elle repris possession du palais de la Hofburg qu'Isabelle ressent les douleurs de l'enfantement. Antonia voudrait rester auprès de la future maman, mais sa gouvernante la rappelle :

— Vous êtes trop jeune pour assister à un accouchement… et puis, il y a déjà assez de monde dans la chambre.

— Allez, ma petite Antonia, lui murmure Isabelle, vous reviendrez pour embrasser le nouveau-né.

Les archiduchesses se regroupent dans l'un des salons du couple. Et l'attente commence. Longue. Inquiétante. De temps en temps, l'une des demoiselles lance un sujet de conversation, mais après deux ou trois phrases échangées, le silence retombe.

— Nous allons prier pour que tout se déroule au mieux, propose Anne.

Les huit filles de l'Impératrice marmonnent à mi-voix leur prière. Elles ont ainsi le sentiment d'aider Isabelle et l'attente leur paraît moins angoissante. Pourtant, les heures défilent. Christine sort deux ou trois fois de la pièce afin d'obtenir des nouvelles. Elle revient chaque fois, le visage tourmenté.

— Isabelle souffre beaucoup. Les médecins sont à son chevet.

La nuit est tombée depuis longtemps. Les dames d'honneur ont fait allumer les chandeliers.

— Rentrez dans vos appartements, propose Mme de Brandeiss aux plus jeunes. Cela ne sert à rien de vous morfondre ainsi. Dès que l'enfant sera né, on viendra vous prévenir. Je vais ordonner que l'on vous prépare une collation, puis vous vous coucherez.

Charlotte, Josépha et Jeanne-Gabrielle ne sont pas fâchées de quitter ce lieu où l'angoisse est palpable. Jeanne-Gabrielle saisit la main d'Antonia et lui dit :

— Viens. Demain matin, lorsque nous nous éveillerons, l'enfant sera là.

— Je ne bouge pas d'ici, lui répond cette dernière. J'ai promis de veiller sur Isabelle.

— Mais puisque, de toute façon, on ne peut pas l'approcher, insiste Josépha.

— Ici, je ne suis pas loin d'elle et si elle a besoin de moi…

— Écoutez-moi cette orgueilleuse ! se moque Amélie. On se demande à quoi tu pourrais bien servir.

Antonia hausse les épaules et se fâche.

— Allez-vous en ! Moi je reste.

— Ah, Madame Antonia, votre opiniâtreté vous jouera de vilains tours ! se plaint sa gouvernante.

Anne, Christine, Élisabeth et Antonia décident de demeurer dans le salon, tandis que les quatre autres archiduchesses, vaincues par la fatigue et l'ennui, quittent la pièce.

Enfin, après des heures et des heures d'attente, la porte s'ouvre violemment et Joseph, en personne, annonce joyeusement :

— C'est une adorable petite fille !

Les cris de joie fusent. Antonia se jette dans les bras de son frère, tandis que ses sœurs félicitent chaleureusement le papa.

— Nous l'appellerons Marie-Thérèse du nom de son illustre grand-mère.

— Mère doit être très heureuse d'avoir sa première petite-fille.

— En effet. Elle aime beaucoup Isabelle. Elle prétend qu'elle est le grand bonheur de sa vie, affirme Joseph.

Les filles de l'Impératrice ne peuvent s'empêcher de ressentir un peu de jalousie. Il est vrai qu'Isabelle a su conquérir tous les cœurs par sa gentillesse, son intelligence et que l'Impératrice s'est complètement entichée de sa bru… mais tout de même. Elles sont là, elles aussi, et leur mère est si avare de compliments !

Tout à son bonheur, Joseph ne s'est pas aperçu du malaise que ses propos ont créé et il reprend :

— Certes, elle aurait préféré que ce soit un garçon. Mais je gage que notre deuxième enfant sera un garçon qui assurera la succession de notre belle maison.

Oubliant vitement sa rancœur, Christine demande avec anxiété :

— Comment va Isabelle ?

— Elle est très fatiguée. La tradition veut que les époux n'assistent pas aux accouchements, mais moi je suis resté à ses côtés et je lui ai tenu la main. Je… je l'aime tellement que la voir souffrir pour mettre notre enfant au monde était un déchirement. Des messagers sont partis pour informer le pays de cette heureuse naissance. Bientôt les cloches de toutes les églises vont sonner.

La Bohème, la Moravie, la Basse et Haute Autriche, le Tyrol, la Carinthie, la Hongrie, la Transylvanie, le Milanais, le grand-duché de Toscane et même les Pays-Bas, appartenant tous à la Maison d'Autriche, fêtent l'événement. On danse autour de feux de joie, on boit plus que de raison, mais on donne aussi des messes pour remercier les cieux.

Dès le lendemain, Christine prend ses pinceaux et immortalise la naissance de la petite Marie-Thérèse en peignant un charmant tableau. Quelques jours plus tard, elle l'offre à sa belle-sœur devant la famille réunie au pied du berceau.

— Ah, mon amie, s'exclame Isabelle, quel talent vous avez ! Si vous n'étiez point archiduchesse, vous deviendriez mon peintre personnel !

— Eh bien, lance Amélie, notre famille peut s'enorgueillir d'avoir un peintre et une future comédienne, puisque le théâtre est la passion d'Antonia ! Et si la petite Marie-Thérèse a des dons pour la musique, elle sera la musicienne attitrée de la cour !

Qu'il est bon de plaisanter après ces heures éprouvantes !

Chapitre 7

Jeanne-Gabrielle

Les festivités viennent à peine de se terminer que Jeanne-Gabrielle est saisie d'une forte fièvre.

— Tu t'es trop échauffée en dansant, suggère Antonia.

— Peut-être, lui répond Jeanne-Gabrielle.

Les purgations et les saignées que la fillette subit avec résignation n'apportent aucune amélioration. Antonia se glisse souvent dans la chambre de sa sœur pour lui offrir une brioche qu'elle est allée chaparder aux cuisines, une grappe de raisin ou une figue mûre à point, espérant que ces aliments, dont habituellement les fillettes se régalent, puissent rendre l'appétit à la malade. Jeanne-Gabrielle sourit mais n'y touche pas.

— Il faut que tu guérisses vite, l'exhorte Antonia, pour que l'ambassadeur puisse envoyer de bonnes nouvelles à Ferdinand, ton fiancé.

— Oh, je ne suis pas trop pressée de me marier, soupire Jeanne-Gabrielle.

— Tout de même, tu seras la première des huit à te marier, et pas avec n'importe qui ! Ferdinand est roi ! s'emballe Antonia.

— Certes, mais je devrai quitter Vienne pour vivre à Naples qui est bien loin…

— Reine, cela ne te fait pas rêver ?

— Non, lâche Jeanne-Gabrielle qui a de la peine à garder ouverts ses yeux brillants de fièvre.

— Bon, je te laisse, repose-toi. Je reviendrai demain. Je n'oublie pas qu'il y a quelques mois nous nous sommes juré amitié et fidélité jusqu'à la mort !

— Je le sais, souffle la malade.

Après plusieurs jours de doute, les médecins qui se relaient à son chevet finissent par annoncer l'abominable diagnostic, celui que tout le monde redoute, des palais aux masures.

— La petite vérole.

Aussitôt, la jeune malade est isolée afin que le terrible fléau ne se répande pas dans la famille.

L'Impératrice ordonne des prières et des messes. Et, alors qu'elle délègue l'éducation de ses enfants à des gouvernantes lorsque tout va bien, elle veille personnellement sa fille malade avec tendresse.

— J'espère qu'elle ne sera point défigurée, se lamente Antonia. Elle est si fière de sa jolie peau !

— Et puis quelle malchance, c'est la première d'entre nous à être fiancée, ajoute Charlotte.

— Quel affront si Ferdinand 1er de Sicile la refusait, assure Josépha.

— Oh, il n'oserait point. Mère a dû prendre toutes les assurances pour que ce mariage soit conclu quoi qu'il arrive, annonce Mimi.

— Certes, mais pour l'heure, prions pour qu'elle ait la vie sauve, dit Anne.

— Quoi ? Crois-tu que sa vie est en danger ? s'affole Antonia.

Anne ne répond pas à la question mais insiste :

— Prions, mes sœurs…

Cette fois, Antonia, le feu follet, prie avec ferveur dans le silence de la chapelle ou dans sa chambre, à genoux au pied de son lit. Elle n'a plus envie de jouer, de danser et n'a plus aucun goût pour les pâtisseries. Il lui semble que sa vie est suspendue à celle de sa sœur.

Las, après plusieurs semaines de souffrance, Jeanne-Gabrielle meurt. Elle venait d'avoir douze ans.

Antonia se dit que plus jamais elle ne rira parce que Jeanne-Gabrielle ne sera plus là pour rire avec elle. Aussi, pour conjurer le mauvais sort, elle propose à Josépha et à Charlotte d'unir à nouveaux leurs mains et de renouveler le serment qui doit les unir jusqu'à la mort.

— Mais cette fois, ajoute Antonia après avoir séché ses larmes, nous serons plus fortes que la mort. Plus jamais, elle n'emportera l'une de nous avant que nous ayons au moins quatre-vingts ans !

Chapitre 8

L'amitié d'Isabelle

Pendant de longs mois, la famille et la cour sont en deuil. Plus de fêtes, plus de musique, plus de rires. Le silence enveloppe le palais.

L'Impératrice et son époux tentent d'oublier leur chagrin en s'occupant de gérer au mieux leur empire.

Au début de l'année 1763, un traité est enfin signé pour mettre un terme à la guerre de sept ans contre la Prusse. La paix qui s'annonce est un baume sur les cœurs meurtris.

L'oubli est plus difficile pour les plus jeunes archiduchesses. La place de Jeanne-Gabrielle est cruellement vide dans le salon réservé à l'étude, et même les facéties de Mops ne parviennent pas à faire sourire Antonia.

***

L'arrivée du printemps et l'installation à Schönbrunn finissent par atténuer la tristesse des archiduchesses et de leurs frères, d'autant qu'Isabelle met tout en œuvre pour distraire ses belles-sœurs.

Dans le pavillon octogonal situé dans le parc de Laxenburg, elle organise de petits concerts auxquels toute la famille se rend en calèche. Elle joue du violon alors que Christine est au clavecin.

Elle monte des pièces qu'elle écrit personnellement. Elle assure elle-même la distribution des rôles, la création des costumes et les répétitions. Ces semaines de préparatifs sont un excellent dérivatif à leur chagrin. La pièce est ensuite donnée dans un théâtre de verdure devant une assistance choisie parmi les intimes de la famille impériale.

Être invité à ces spectacles est un privilège rare pour lequel des intrigues se trament à la cour. Charlotte et Louise de Hesse sont toujours bien placées. De temps en temps, elles font même partie de la distribution.

Quant à Antonia, elle a chaque fois un rôle de premier ordre. Même si son jeu n'est pas toujours excellent, elle y met tellement de fougue !

Parfois, Isabelle convoque les violons pour un bal où sont conviés quelques gentilshommes bien nés et fort galants.

— Charles-Auguste de Palatinat m'a assuré qu'il tenterait l'impossible pour venir, murmure Amélie en rougissant de bonheur.

— Ainsi, tu en es toujours éprise, lui demande Élisabeth.

— Bien sûr, nous nous aimons depuis longtemps et nous attendons l'autorisation de mère pour nous marier. Et toi, où en es-tu avec Stanislas Poniatowski ?

— Je t'avoue que je suis inquiète. Il ne vient plus à Vienne. Je crains que les atermoiements de mère au sujet de notre mariage n'aient eu raison de sa patience.

— Las, ma chère, nous avons eu le grand tort de choisir nous-même nos fiancés et cela lui déplaît.

— Certes, elle préférerait nous imposer un mari qui satisfasse ses ambitions, mais les sentiments ne se commandent pas.

C'est Charles-Auguste que je veux et personne d'autre, se bute Amélie.

Une autre fois, Isabelle propose que chacune exécute un tableau afin de prévoir une exposition d'art dans l'un des salons. Son œuvre est toujours la plus belle, suivie de celle de Christine et d'Antonia. Toutes les deux prennent des cours avec la pastelliste lorraine Gabrielle Reyer-Bertrand qui juge ses élèves très talentueuses. Chacune de ces manifestations est honorée par la présence de l'Impératrice qui s'est entichée de sa belle-fille et s'extasie sur tout ce qu'elle entreprend.

— Tya-Tya a toutes les grâces et toutes les qualités et nous ne sommes que de vilains petits canards, soupire Élisabeth, un soir où, après un concert, les archiduchesses rentrent dans leurs appartements.

— La jalousie est un vilain défaut ! fanfaronne Antonia.

— Oh, toi, mère t'aime bien, tu es sa petite dernière !

— Mais elle préfère Mimi.

— Sans doute parce que je suis née le même jour qu'elle, ajoute Christine. Ainsi nous célébrons nos anniversaires ensemble.

— Un hasard que tu sais parfaitement bien mettre à profit, siffle Amélie.

— Voyons, nous n'allons point nous chamailler après une aussi agréable soirée, lance Anne. Et puis, ma chère Élisabeth, tu n'es pas un vilain petit canard, tu es la plus jolie !

— Mais j'enrage que notre mère, si avare de compliments et de tendresse, en accorde plus à Isabelle qu'à nous qui sommes ses enfants.

En juillet, lors de la répétition d'une pièce de sa création, Isabelle se laisse tomber sur un tabouret et avoue :

— Je suis un peu fatiguée et…

— Seriez-vous enceinte ? l'interroge Christine.

— Vous avez deviné !

Aussitôt, les archiduchesses l'entourent et la félicitent.

— Quand est prévu l'accouchement ? s'informe Anne.

— Pour la mi-janvier 1764.

— Cette fois, ce sera un garçon ! prédit Amélie.

— Ah, je voudrais tellement procurer ce bonheur à mon cher Joseph !

Après l'immense tristesse occasionnée par le décès de Jeanne-Gabrielle, la perspective de cette naissance réjouit toute la famille impériale.

— Si c'est un garçon, nous le nommerons François-Joseph pour honorer son grand-père et son père, annonce Isabelle.

Puis s'adressant à Christine, elle poursuit :

— Et si c'est une fille, je lui donnerai votre prénom et vous serez sa marraine. Ce sera ma façon de vous prouver mon amitié et de lier nos vies.

— Ah, quelle joie vous me faites ! s'exclame Christine en embrassant tendrement Isabelle. Vous êtes comme une sœur pour moi.

Lorsque les archiduchesses regagnent leurs appartements, Élisabeth et Antonia traînent les pieds et se retrouvent côte à côte.

— Tu n'as pas l'air contente de la future naissance, remarque Antonia.

— Ce n'est point là le motif de ma bouderie, lui répond sa sœur.

— Alors, c'est que tu es jalouse parce

que Christine n'est plus aussi proche de toi qu'avant l'arrivée d'Isabelle, lâche Antonia.

Élisabeth s'arrête et lance un regard étonné à sa petite sœur qui a percé son secret.

— Oh, Isabelle a tellement de charme, elle est si gentille qu'on ne peut rien lui reprocher, se défend Élisabeth.

— Bien sûr, mais le tendre lien qui t'unissait à Christine n'est plus aussi fort.

— Oui. Avant l'arrivée d'Isabelle, Christine et moi partagions tout. Nous n'avons qu'un an d'écart. À présent, Isabelle a pris ma place…

— Je comprends.

Élisabeth est surprise par la sollicitude d'Antonia. C'est qu'elle ignore que la petite fille est torturée, elle aussi, par la jalousie. Mais se reprenant, elle insiste :

— Oublie ce que je viens de dire. Isabelle est charmante. Elle fait le bonheur de notre frère et de toute notre famille. Le reste n'a pas d'importance.

— Si tu le dis, ajoute malicieusement Antonia.

Chapitre 9

Projets de mariage

Comme chaque fois qu'elle est à Schönbrunn, Antonia passe beaucoup de temps à la ménagerie. Elle y rencontre souvent son père.

L'Empereur, toujours à l'affût de nouvelles espèces animales pour enrichir sa collection, vient d'accueillir une autruche, offerte par l'ambassadeur de Perse. Il est ravi de la présenter à sa plus jeune fille qui, comme lui, partage sa passion pour les animaux :

— Puisque votre mère redoute les fauves, voilà un oiseau qui devrait lui plaire.

— Un oiseau ? Il va s'enfuir puisqu'il n'est pas dans une volière.

— Bien que l'autruche soit le plus grand oiseau au monde, elle ne sait pas voler, explique-t-il.

— Elle a pourtant de grandes ailes avec de belles plumes !

— En effet. C'est une curiosité de plus de la nature. J'espère qu'elle va s'acclimater à Schönbrunn.

— Je viendrai la voir chaque jour, promet Antonia.

Parfois Charlotte et Josépha viennent la rejoindre. Depuis le décès de Jeanne-Gabrielle, les trois plus jeunes filles de l'Impératrice forment un trio soudé, comme si elles souhaitaient donner tout son sens au serment échangé quelques mois plus tôt.

Charlotte et Antonia adorent se rendre dans l'enclos des ouistitis et rient aux éclats de leurs mimiques.

— Ces deux-là, on dirait des jumelles ! reconnaît Mme de Brandeiss.

Josépha, plus sérieuse, préfère écouter pépier les oiseaux dans les volières.

Parfois, les sept archiduchesses et Isabelle se retrouvent dans le bosquet de la roseraie pour savourer la fraîcheur de la fontaine qui gazouille en son centre. Les plus âgées bavardent et les trois plus jeunes s'amusent avec un cerceau ou des quilles sous le regard bienveillant des gouvernantes.

Depuis que la paix a été enfin signée, l'Impératrice et son époux sont plus détendus et ils viennent de temps en temps rejoindre leurs filles et leur belle-fille.

— Il paraît que nos parents vont mettre les bouchées doubles pour nous marier, annonce Élisabeth un après-midi d'août en agitant son éventail pour tenter d'atténuer la chaleur.

— Il serait temps en effet, ajoute Isabelle. Tu as déjà vingt ans, Mimi en a vingt et un et Amélie dix-sept.

— Mère doit chercher pour nous un parti digne de la Maison d'Autriche et il n'y en a pas beaucoup !

— Et puis, nous avons déjà toutes choisi celui qui nous plaît, souffle Élisabeth derrière son éventail.

— Mère aussi a dû faire son choix et il m'étonnerait que ce soit le même !

L'Impératrice et l'Empereur se sont levés et s'éloignent du groupe pour s'accorder un peu d'intimité. Elle a tendrement passé son bras sous celui de son époux et ils devisent en marchant à l'ombre des grands arbres. Ils ont entendu une partie de la conversation de leurs filles, et l'Impératrice lance :

— En tout cas, Stanislas Poniatowski n'est point pour Élisabeth.

— Pourtant, elle en est très éprise, répond son époux.

— Hélas ! Je regrette beaucoup d'avoir autorisé cet… cet aventurier à paraître à notre cour.

— Vous exagérez, ma chère. Il vient d'être élu roi de Pologne.

— Avec l'appui de l'impératrice de Russie qui est sa maîtresse. On prétend même qu'il serait le père de l'enfant qu'elle vient de mettre au monde ! Élisabeth mérite mieux que cela !

— Mais qui donc ? Elle a déjà vingt ans et il y a fort peu de princes de son âge en Europe.

— Je le sais, mon ami… Le roi de France Louis serait parfait pour elle.

— Il est toujours marié, ma mie, et ne va pas divorcer pour vous satisfaire, se moque

François-Étienne.

L'Impératrice sourit à la plaisanterie de son époux et poursuit :

— Quant à Christine qui est courtisée par Louis-Eugène de Wurtemberg…

— Celui-ci ne vous plaît pas non plus ?

— Grand dieu, non ! Il n'a pas un gramme de sang Bourbon dans les veines !

— Vous allez faire deux malheureuses !

— Au contraire, mon cher. Les sentiments naissent après le mariage et grandissent de jour en jour, alors que les mariages d'amour s'affaiblissent au fil des ans. Ma tendresse pour vous n'a cessé de croître depuis notre union et je bénis chaque jour mes parents de m'avoir donnée à vous.

Chapitre 10

Un triste hiver

Le retour à la Hofburg en automne ressemble à celui de l'année précédente. Isabelle attend à nouveau un héritier pour la couronne d'Autriche, il est donc joyeux.

Le 2 novembre, Antonia fête ses huit ans.

Sa mère lui offre un superbe livre sur la vie des saints en lui annonçant :

— Vous en lirez un chapitre chaque soir, et vous m'en écrirez le résumé.

Isabelle lui offre un coupon de soierie lyonnaise en lui disant :

— Vous vous ferez confectionner une belle jupe pour le baptême de mon fils.

Antonia préfère le cadeau d'Isabelle. La lecture est encore une épreuve pour elle et c'est souvent Charlotte qui lit à sa place.

— Tu m'aideras pour le résumé ? demande-t-elle à sa complice.

— Comme d'habitude. J'écrirai le texte au crayon et tu repasseras à l'encre par-dessus.

— Oh, merci !

— Mais quand donc te décideras-tu à faire un effort pour lire et écrire correctement ?

— Plus tard ! lance Antonia en claquant un baiser sonore sur la joue de sa sœur.

***

L'hiver est rude en Autriche. On prétend que, dans certains quartiers de Vienne, des gens meurent de faim.

Lorsqu'elle l'apprend, Antonia est bouleversée. Elle saisit la boîte où elle enferme ses économies : les pièces que son père et sa mère lui donnent parfois pour qu'elle puisse s'offrir une douceur ou un ruban lorsqu'elle va, avec sa gouvernante, jusqu'aux grilles du parc où sont installés des vendeurs ambulants. Elle compte fébrilement son pécule. Il y a cinquante ducats.

— Ces pauvres gens en ont plus besoin que moi, dit-elle à sa gouvernante.

— Vous êtes charitable, Madame Antonia.

La fillette insiste pour les porter immédiatement à sa mère.

— Voilà tout ce que j'ai. Voulez-vous bien les distribuer aux malheureux de Vienne ?

Antonia est la plus vive, la plus désordonnée, la plus désobéissante et la moins studieuse de ses filles, mais elle est la seule à avoir eu ce geste généreux. Aussi, c'est avec émotion que l'Impératrice se saisit de la boîte en disant :

— Vous êtes bonne, ma fille. C'est une grande qualité pour une dame, car il faut savoir donner beaucoup lorsque Dieu nous a placées à la tête d'un pays.

***

Isabelle est enceinte de six mois lorsqu'une violente fièvre la saisit. Les médecins sont immédiatement appelés à son chevet. Selon leur habitude, ils ordonnent saignées, vomitifs, purgations. Mais aucun remède ne soulage la malade.

— Ce ne sera probablement qu'une fièvre tierce, se rassure son époux qui ne quitte pas la ruelle[9] du lit de son épouse.

9. Espace entre le lit et le mur.

— La maladie de Jeanne-Gabrielle n'a-t-elle pas débuté ainsi ? murmure Antonia à l'oreille de Charlotte.

— Tais-toi, malheureuse ! se désole sa sœur.

Las, bientôt les terribles boutons se répandent sur le visage et le corps d'Isabelle. Le doute n'est plus permis.

— Ce n'est pas possible ! s'indigne Joseph, pas elle !

— D'autant qu'elle porte le futur héritier de la couronne d'Autriche, ajoute l'Impératrice.

Joseph supplie les médecins :

— Sauvez-la ! Peu m'importe qu'elle soit défigurée, je ne l'aimerai pas moins.

— Nous faisons tout ce qui est en notre pouvoir.

— Je vais ordonner que dans chaque ville,

chaque village, des prières soient dites pour sa sauvegarde, annonce l'Impératrice. Pour l'heure, mon cher fils, éloignez-vous de votre épouse qui pourrait…

— Jamais ! Elle est mon bien le plus précieux, je veux demeurer près d'elle.

Quelques jours plus tard, le terrible fléau déclenche un accouchement prématuré.

— Est-ce que c'est un garçon ? souffle Isabelle à bout de force.

— Non, ma mie, c'est une petite fille, lui répond son époux, mais cela n'a pas d'importance. Vous seule comptez pour moi ! Accrochez-vous à la vie !

La fillette ne survit que quelques heures. Joseph surmonte sa déception et cache la mort du bébé à Isabelle. Inutile d'ajouter cette peine à sa souffrance.

Mais cinq jours plus tard, Isabelle s'éteint. Une chape de plomb tombe sur la Hofburg. Passer des rires aux larmes a été si rapide !

Joseph est anéanti par ce drame.

— J'ai tout perdu. Mon épouse adorée, l'objet de toute ma tendresse, avoue-t-il à son père qui tente de le réconforter.

Christine a presque autant de chagrin que son frère. Elle perd une amie chère, un soutien, une confidente.

Antonia est également bien triste.

— Isabelle était si belle et elle avait tant de talent ! Elle jouait du violon et du clavecin comme personne et dessinait à merveille !

— Eh bien, Madame Antonia, si vous souhaitez honorer la mémoire d'Isabelle, vous devrez tâcher de lui ressembler, lui répond Mme de Brandeiss.

— Je vais m'y employer.

Toute la cour d'Autriche salue la mémoire de cette jeune femme qui rendait le futur empereur heureux et qui aurait fait une si parfaite impératrice. Un deuil de plusieurs mois est ordonné. Il n'y a plus aucune fête, aucun divertissement, aucune musique dans le pays.

La fin de l'année 1763 est lugubre. Même la Saint-Nicolas ne parvient pas à distraire la famille impériale de sa peine.

Joseph s'enferme dans le chagrin. Il ne sort pratiquement plus de la chambre dans laquelle Isabelle a rendu son dernier soupir. Il contemple son portrait en relisant ses lettres.

***

Un après-dîner de janvier 1764, les archiduchesses se sont réunies dans un salon pour broder et tenter d'évacuer la tristesse qui étouffe le palais.

— Joseph me fait vraiment pitié, avoue Élisabeth.

— Il éprouvait une véritable passion pour cette chère Isabelle, soupire Amélie.

— Nous l'aimions toutes. Elle était si douce, si belle, si attentive aux autres, reprend Anne.

Christine étouffe un sanglot et murmure :

— À moi aussi, elle manque beaucoup. C'était une véritable amie. Je vais m'occuper avec tendresse de sa petite fille qui a un an et vient de perdre sa maman.

— Quel malheur que ce ne soit pas un garçon, se lamente Anne.

— En effet. J'ai ouï dire que notre mère voulait que Joseph se remarie au plus vite afin d'assurer un héritier à l'Autriche.

— Déjà ? s'indigne Amélie.

— Joseph m'a confié que puisqu'il devait se remarier, il accepterait d'épouser Louise de Parme, la jeune sœur d'Isabelle. Comme elle lui ressemble, il aura le sentiment de ne pas trahir la défunte.

— Isabelle m'avait montré un portrait de sa sœur. Elle est ravissante, mais elle n'a que douze ans.

— Et puis, je crois savoir que Louise est déjà promise au prince des Asturies qui régnera un jour sur l'Espagne.

— Je suis sûre que notre mère doit chercher un parti qui servira au mieux les intérêts de l'Autriche, dit Élisabeth.

— Eh oui, comme je le répète, nous ne sommes que des pions qu'elle manie à sa guise, souffle Anne.

— Pas moi, se révolte Christine. Elle ne me mariera point contre mon gré.

— Tu feras comme les autres, lui répond Amélie vertement.

Piquée au vif, Christine lâche son ouvrage et quitte la pièce.

Antonia a fait semblant de se concentrer sur sa broderie afin que les aînées l'oublient, mais elle a suivi leur conversation avec intérêt. Elle se promet que plus tard, elle ne se laissera pas imposer un mariage qui lui déplaît.

L'autre jour, elle a surpris une conversation entre une dame d'honneur de sa mère et sa gouvernante :

— L'Impératrice a bien assez de difficultés à marier les aînées, elle ne se soucie guère d'Antonia, affirmait la dame d'honneur.

— Il est vrai.

— Et puis, elle est née entre deux garçons qui doivent occuper toute l'attention de leur mère.

— Certes. Être la petite dernière n'est pas une position enviable dans la fratrie, mais l'Impératrice aime beaucoup cette fillette et j'espère qu'elle fera un bon choix pour son établissement.

Antonia sourit. Elle espère effectivement que sa mère lui choisira un prince jeune, gentil, beau et intelligent. Elle souhaite que ce soit le plus tard possible car elle n'a pas envie de quitter ses parents, ses sœurs et la vie à Vienne qui lui plaît tant.

Chapitre 11

La course de traîneaux

La neige est tombée en abondance, le froid s'invite dans les trop vastes pièces aux larges cheminées qui fument plus qu'elles ne chauffent. Heureusement, l'hiver annonce le retour des courses de traîneaux. C'est l'occasion pour les membres de la famille impériale et pour les courtisans d'oublier peines et tracas.

Les artisans rivalisent d'ingéniosité pour fabriquer de superbes traîneaux. Ils sont peints dans des couleurs chatoyantes que l'on rehausse d'or fin. Des sculptures ornent l'avant et l'arrière. Un cheval tout caparaçonné de tissu d'or et d'argent tracte chaque traîneau et, entre les attelages, d'autres chevaux enjolivent le défilé. En fait, il s'agit plus d'une parade qui se déroule dans les rues et les alentours de Vienne enneigés que d'une véritable course.

Les archiduchesses et les archiducs, du plus jeune à la plus âgée, attendent ce moment avec impatience.

L'Impératrice souhaite que ses trois filles aînées partagent leur traîneau avec leurs frères. Ainsi, Anne qui a maintenant vingt-cinq ans paradera avec Pierre-Léopold âgé de seize ans. Christine partagera le traîneau de Ferdinand âgé de neuf ans et Élisabeth sera avec le petit dernier, Maximilien, sept ans.

Les aînées jouent le rôle que leur mère leur désigne sans rechigner. Mais pour les plus jeunes filles, cette sortie hors les murs de la Hofburg a un parfum d'aventures. C'est l'occasion d'oublier tout, de rire et de s'amuser en respectant la tradition.

— Je monte avec toi, dit Josépha à Charlotte.

— Non, c'est moi qui vais avec elle, s'interpose Antonia.

— C'est toujours toi qui es avec Charlotte, grogne Josépha.

— Parce que nous sommes les meilleures amies du monde ! assure Antonia.

— Ne suis-je pas votre amie également ? interroge Josépha d'une petite voix larmoyante.

— Si, bien sûr. Mais il n'y a que deux places

dans le traîneau. Monte avec Amélie, elle est toute seule.

— Je préfère être avec vous. Amélie a déjà dix-sept ans et elle me traite de naine parce que je n'en ai que douze.

— Tu lui diras que tu es fiancée à Ferdinand 1er, ça lui clouera le bec ! lance Charlotte.

— Quoi ? s'exclament en même temps Josépha et Antonia.

— Vous ne le saviez pas ?

— Non, répond Antonia.

Elle est déçue que ses talents d'espionne ne lui aient pas permis d'apprendre la nouvelle avant sa sœur. Quant à Josépha, elle est bouche bée, comme assommée par cette annonce.

— Mais toi, comment le sais-tu ? reprend Antonia.

— J'ai entendu notre mère en parler avec l'ambassadeur du royaume de Sicile.

Puisque notre pauvre Jeanne-Gabrielle est au paradis, mère a proposé que ce soit toi qui épouses Ferdinand 1er qu'on lui avait destiné.

Soudain, Josépha fond en larmes et bredouille :

— Je n'ai pas envie de vous quitter… et puis je suis bien trop jeune pour me marier.

Charlotte regrette d'avoir été si brutale et elle tente de se rattraper en ajoutant :

— Qui te parle de partir ! Ferdinand a le même âge que toi. Il n'est pas prêt pour le mariage et les fiançailles peuvent s'éterniser de longues années.

— Mais oui, assure Antonia en entourant de ses bras les épaules de sa sœur. Sèche tes larmes et pour aujourd'hui ne pense qu'à t'amuser !

— Je n'ai plus du tout le cœur à rire, soupire la petite fiancée.

Mme de Brandeiss qui doit s'assurer que tout se déroule sans incident ne s'aperçoit pas de la tristesse de Josépha et ordonne :

— Allez, Mesdames, il est temps de monter dans vos traîneaux. Et n'oubliez pas vos manchons de fourrure. Le froid est vif !

Les jeunes filles, emmitouflées dans des capes ornées de col d'hermine ou de renard blanc, s'installent sur les coussins moelleux des traîneaux. Elles savent que toute la ville va quitter la chaleur des maisons pour assister à cette parade et chercher à reconnaître les archiduchesses. Il faudra saluer tous ces gens d'un geste de la main et peut-être esquiver en riant une boule de neige lancée par un garçon des faubourgs. C'est strictement interdit, mais il y a toujours un garnement qui a fait le pari de jeter une boule sur l'un des traîneaux. Il ne s'agit pas de viser le traîneau impérial, mais celui d'un courtisan ou celui de l'une des archiduchesses.

Les gardes à cheval qui entourent le cortège ne sont pas très sévères. Ils font mine de poursuivre le coupable, mais ils le laissent toujours s'enfuir. Ce sont les ordres de l'Impératrice. Ce défilé de traîneaux est un divertissement qui doit montrer que la famille impériale est proche de ses sujets. Les représailles sont bannies.

Antonia, très excitée, est montée avec Charlotte dans un traîneau capitonné de velours vert et dont la proue est superbement sculptée d'une étrange sirène. C'est Weber qui va tenir les rênes pour diriger le cheval richement harnaché. Il n'est jamais loin d'Antonia. Deux gardes à pied entourent l'attelage et deux autres, à cheval, le suivent.

— Pauvre Josépha, souffle Antonia, affligée par la mine sombre de sa sœur.

— Oh, je t'en prie, ne va pas nous gâcher la journée !

— C'est de ta faute. Il ne fallait rien dire !

— Bon. On n'en parle plus pour le moment et on ne pense qu'à s'amuser, ça te va ?

— Oui, oui, tu as raison, reconnaît Antonia en secouant la tête, ce qui fait trembler sa toque de fourrure en hermine.

La musique retentit. Les chevaux blancs se mettent au pas. Ils portent de magnifiques mantelets brodés d'or, et leurs crinières sont tressées de rubans multicolores enrichis de volumineuses plumes. Leurs naseaux fument dans l'air glacial.

Chaque famille noble dépense une fortune pour que son attelage soit le plus brillant et attire tous les regards, et il y en a plus de quarante ! Les archiduchesses jouent à deviner à quelles nobles familles ils appartiennent.

— Regarde celui-là, il est décoré aux armes des Hesse. Louise et Charlotte sont à l'intérieur, lance Antonia en agitant les bras en direction de ses amies.

Elles parient aussi pour savoir qui, cette année, recevra la boule de neige !

— Après la comédie, c'est mon divertissement préféré ! s'exclame Antonia.

— Moi, je préfère les bals, ajoute Charlotte.

— J'aime aussi beaucoup la danse et la musique, mais ce défilé au cœur de Vienne et devant tous ces gens heureux de nous voir est très excitant.

— Attention ! crie tout à coup Weber.

Une boule de neige vient de passer au-dessus du traîneau.

— Manqué ! s'exclame gaiement Antonia.

Chapitre 12
Bavardages d'archiduchesses

L'année 1764 va se terminer sans qu'un deuil vienne l'assombrir.

La neige recouvre toujours Vienne et le printemps semble encore loin.

Pour passer le temps, les archiduchesses aiment se regrouper dans l'un des nombreux salons du palais de la Hofburg. Les violons

jouent en sourdine. Leur broderie à la main, elles bavardent, assises devant la cheminée. Vers quatre heures, elles se font servir un chocolat chaud et crémeux que la gourmande Antonia engloutit en quelques gorgées.

— Notre mère a enfin fait son choix, annonce Anne en cherchant dans sa boîte de couture un fil de soie de couleur.

— Oh, tu vas te marier ! lance Antonia en se pourléchant les lèvres.

— Le mariage n'est point pour moi. J'ai choisi d'entrer dans un couvent.

— Dis plutôt que notre mère a décidé que puisqu'elle avait huit filles, l'une d'entre elles serait nonne, marmonne Christine.

— Cela me convient. Ma santé n'est point bonne et surtout l'amour de Dieu m'est plus précieux que les aléas de la vie de couple.

— Jamais je ne pourrais accepter de vivre enfermée dans un couvent, s'exclame Élisabeth en jetant un regard dans l'un des miroirs de la pièce pour y apercevoir le reflet de son visage dont elle est si fière.

Anne qui a surpris son geste ajoute, sentencieuse :

— La beauté du corps n'est qu'éphémère. Seule la beauté de l'âme compte pour atteindre le paradis.

Antonia que ses considérations commencent à ennuyer, reprend :

— Alors, qui va se marier ? Toi, Élisabeth ?

— Las, nos parents refusent toujours mon union avec Stanislas.

— C'est donc toi, Christine ? lance Amélie.

— Tu sais bien que Louis-Eugène en a épousé une autre ! se rebiffe Christine.

Josépha jette un regard désespéré à Antonia et Charlotte qui sont côte à côte comme d'habitude. Elle en est certaine, c'est elle que l'on va marier. Elle se mord la lèvre jusqu'au sang par crainte de tomber en pâmoison lorsque son nom sera prononcé.

Prenant Josépha en pitié, Antonia s'emporte :

— Vas-tu nous le dire à la fin ?

Étonnée par le ton autoritaire d'Antonia, Anne s'exécute.

— Êtes-vous bêtes, il s'agit de Joseph, bien sûr.

Josépha arrête de se mordre la lèvre. Elle a eu si peur que son mariage soit déjà programmé !

Antonia lui envoie un sourire pour la réconforter et, emportée par la curiosité, elle relance la conversation.

— Cela aurait pu être Léopold. Il a dix-huit ans et j'ai ouï dire que notre mère le destinait à Maria Ludovica d'Espagne.

— Tu as encore joué à l'espionne ! plaisante Amélie.

— Je n'y peux rien, mes oreilles entendent des choses qu'elles ne devraient point !

Josépha est si soulagée, qu'elle éprouve le besoin de parler :

— Elle est jolie ?

— Je l'ignore. Elle a vingt ans et je ne pense pas qu'elle soit contrefaite. Et surtout, elle est de la maison de Bourbon. Son grand-père est le petit-fils de Louis XIV.

— Le but de notre mère est que chacun de ses enfants ait un conjoint issu de la prestigieuse famille Bourbon, ironise Amélie.

— Le plus important est tout de même Louis, le dauphin de France, affirme Élisabeth.

— Oh, notre mère a certainement déjà prévu de lui offrir l'une de nous, assure Charlotte. D'ailleurs, il me plairait assez de devenir reine de France.

— Moi également, lance Antonia.

— Eh bien, nous verrons laquelle sera choisie, conclut Charlotte en portant la tasse de porcelaine fine à ses lèvres.

Ce n'est un secret pour aucune d'elle que la recherche d'une nouvelle épouse pour Joseph a monopolisé l'attention de toutes les cours d'Europe, de tous les ambassadeurs et bien sûr de leurs parents. Il était inconcevable que le futur empereur d'Autriche demeure célibataire puisqu'il n'avait pas encore d'héritier.

— Alors, s'agit-il de la belle Bathilde d'Orléans ? demande Élisabeth. Elle a juste quinze ans et j'ai entendu l'ambassadeur assurer que c'était un excellent parti.

— En effet. Elle descend de Louis XIII par son grand-père et de Louis XIV par sa grand-mère ! ajoute Mimi.

— Dans ce cas, elle est parfaite ! plaisante Charlotte.

— Il a dû être bien difficile de convaincre Joseph de se remarier si vitement après le décès de sa chère Isabelle, reprend Josépha.

—Il suffit que la promise soit jeune, jolie et qu'elle ait de l'esprit. Les hommes sont si versatiles ! ironise Christine.

— Il paraît que ce n'est même pas le cas ! avance Anne.

— Alors, vite, son nom ! s'impatiente Antonia.

— Ce n'est point Bathilde qui a été choisi, mais Marie-Josèphe de Bavière. Sa mère est la cousine de notre mère. Hier, alors que je rendais une visite de courtoisie à notre frère, il m'a confié qu'il avait rencontré Marie-Josèphe voici quelques mois et qu'elle ne lui plaisait pas. Elle a déjà vingt-six ans, elle est courtaude, épaisse et n'a aucun charme. Son visage est couvert de taches et de boutons et ses dents sont horribles.

— Voilà un portrait peu flatteur, pouffe Charlotte.

— Comme il doit regretter Isabelle qui était la beauté incarnée ! ajoute Christine.

— Il m'a avoué qu'il se mariait à contre-cœur, contraint par notre mère et afin d'assurer un héritier à la couronne.

— Ce sera sans doute pour le printemps. L'hiver n'est pas une saison agréable pour un tel événement, prétend Amélie.

— Que nenni ! Notre mère veut aller vite. Le mariage est prévu pour le 23 janvier.

— Quoi, déjà ? Nous ne serons jamais prêtes ! s'agace Christine.

— Il le faudra bien. Je suppose que selon la tradition, on nous demandera d'interpréter une pièce ou un ballet, dit Élisabeth.

— Parfaitement. Il paraît que monsieur Gluck est déjà au travail, annonce Anne.

— Tant mieux. Les cérémonies de mariage sont longues et ennuyeuses, le seul moment agréable est lorsque je suis sur scène ! lance Antonia.

— Écoutez-moi, celle-là ! se moque Christine, si notre mère n'y prend garde, un jour elle quittera le palais pour aller vivre dans un théâtre !

Les archiduchesses rient à cette boutade. Antonia sourit sans répondre. Elles n'ont pas tout à fait tort. Plus tard, c'est sûr, où qu'elle soit, elle fera venir des comédiens pour se distraire et même, elle jouera avec eux pour le bonheur de fouler la scène et de captiver les spectateurs.

Chapitre 13

Joseph se remarie

La date prévue pour le mariage arrive vite. La cour a déménagé à Schönbrunn malgré l'hiver car le palais est plus vaste.

Antonia est fière. Sa mère vient de l'autoriser à s'habiller comme une demoiselle puisqu'elle va fêter ses dix ans.

— Regardez, s'exclame-t-elle en agitant les trois rangs de dentelles qui ornent le bas de ses manches.

— Ces engageantes[10] mettent en valeur la finesse de vos poignets, lui assure la femme de chambre qui vient de terminer de l'habiller.

— Et puis mes jupons ne sont plus ceux d'une fillette ! J'ai maintenant, comme mes sœurs, des falbalas[11] de soie noués sur l'étoffe et lorsque je vais danser et tournoyer on les apercevra. Ce sera du plus bel effet ! Je vais aussi porter mes premiers bijoux. Le collier de perles et les boucles d'oreilles assorties que père m'a offerts. Je serai une vraie princesse !

— Un peu de modestie, mon enfant, la gronde Mme de Brandeiss. N'oubliez pas que ce jour d'hui, c'est l'épouse de votre frère qui sera à l'honneur et point vous.

10. Manchettes à trois volants.
11. Rubans de plusieurs sortes.

Antonia se rembrunit, mais rien ne parviendra à ternir la joie d'être enfin traitée comme une grande.

Quelques instants plus tard, les filles de l'Impératrice découvrent Marie-Josèphe de Bavière. Elle est effacée et timide et conquiert rapidement le cœur des plus jeunes archiduchesses. L'empereur François-Étienne la prend en amitié et se plaît à converser avec sa future bru. Quant aux aînées, elles ne sont pas fâchées de ne point avoir de rivale pour la beauté et l'intelligence, car on prétend que Marie-Josèphe n'est pas très cultivée. Après tout, il suffit qu'elle donne un héritier à la couronne d'Autriche !

Le jour de son mariage, l'or et l'argent qui agrémentent sa magnifique robe de soie et la parure de diamants et de saphirs qui orne sa chevelure lui donnent une belle allure. Joseph se tient à son côté, le visage impassible. Mais la cour et le peuple venu de tout le pays pour se réjouir de cette union, ne s'aperçoit pas de sa mine taciturne et acclame la future impératrice.

Sur les nombreuses places de Vienne, on a installé des tonneaux et des victuailles. Les auberges, les estaminets sont pleins. On y boit et on y chante. Quant aux gens de la noblesse, ils savent qu'ils trouveront table ouverte dans quelques salles du palais, à moins qu'ils ne mettent un point d'honneur à festoyer dans leur demeure avec leurs amis et parfois même leurs domestiques pour saluer le mariage de l'archiduc Joseph.

La cérémonie religieuse a été longue. Les orgues ont joué à pleins tuyaux et les chants étaient beaux, mais Antonia a des fourmis dans les jambes. Elle attend avec impatience de danser avec Ferdinand et Maximilien dans le ballet intitulé *Il trionfo d'amore*. Il clôturera l'opéra composé par Gluck dans lequel quatre de ses sœurs tiennent les principaux rôles tandis que Léopold, dix-huit ans, sera au clavecin.

Ses deux plus jeunes frères et elle ont répété avec assiduité.

— Pourvu que Maximilien ne se trompe pas, souffle Antonia à Charlotte assise à son côté.

— Mais non, lui répond sa sœur sans conviction.

— J'aurais préféré jouer dans *Il parnaso confuso* que tu interprètes avec Josépha, Élisabeth et Amélie.

— Il n'y avait que quatre rôles.

— Quel dommage ! À croire que le sieur Gluck l'a fait exprès pour m'évincer.

— Que vas-tu chercher ? Il a simplement pensé que tu serais parfaite avec les deux plus jeunes garçons de la famille.

— Et moi, je pense que j'aurais été bien meilleure avec les plus grandes ! J'ai dix ans ! Je ne suis plus un enfançon.

— C'est donc toi qui brilleras le plus dans ce ballet. Tu es la seule fille et l'on ne verra que toi.

— Tu le crois vraiment ?

— J'en suis persuadée !

Antonia sourit. Vivement le moment de monter sur la scène du superbe théâtre que leur mère a fait aménager à Schönbrunn !

Dans sa jeunesse, l'impératrice Marie-Thérèse appréciait les farces allemandes. À présent, ce genre, trop vulgaire, est banni de la cour. Par contre, elle goûte les opéras italiens et les comédies françaises et invite souvent des comédiens parisiens à Vienne.

La salle est pleine. La noblesse autrichienne veut montrer son attachement à la famille impériale en assistant à ce spectacle.

— Quel plaisir de danser devant tous ces gens importants ! murmure Antonia.

Au premier rang, se trouve le couple impérial, Joseph et son épouse ainsi que les archiduchesses qui ne jouent pas dans l'opéra.

Anne, comme tous les hivers, souffre des poumons. Chanter et danser lui est impossible. Et puis, elle préfère de loin s'isoler avec son père pour mener des expériences de physique et de chimie et rencontrer les plus grands savants du siècle.

Dernièrement, Joseph Lagrange, mathématicien et astronome italien, de deux ans son aîné, a été invité par l'Empereur à venir leur parler du système solaire. Elle avait été comme envoûtée autant par les explications que par l'homme. Elle en gardait un souvenir ébloui. Peut-être même s'était-elle surprise à rêver à une union possible avec ce savant qui semblait plus attiré par l'esprit et la culture que par la beauté ?

Christine a refusé de participer au spectacle sans que ses sœurs n'en comprennent vraiment le motif. La chouchou de l'Impératrice a un caractère difficile et aime à montrer qu'elle peut faire ce qu'elle veut.

Enfin, dès que tout le monde est installé, le chef d'orchestre lève sa baguette et les musiciens jouent leurs premières notes. Lorsque les quatre archiduchesses apparaissent sur la scène, un murmure d'admiration parcourt la salle. Les costumes somptueux, les parures, le charme des comédiennes, leur talent et leurs voix mélodieuses séduisent l'assistance.

Dans la coulisse, Antonia attend avec fébrilité de s'élancer sur la scène. Anxieuse, elle s'admire pour la dixième fois dans le miroir.

— Vous êtes magnifique ! la rassure Mme de Brandeiss. Le drapé bleu de cette jupe brodée de motifs floraux sur le blanc immaculé du jupon est un ravissement et le ruban bleu, piqueté de fleurs roses et argent sur le bustier et les épaules est du plus bel effet.

— Vraiment ? répond la coquette.

— Je vais juste réajuster le diadème d'argent et de plumes qui orne votre chevelure et ce sera parfait.

— Est-ce que Maximilien et Ferdinand sont prêts ?

— Mais oui ! D'ailleurs, les voici.

— Vite ! C'est à nous ! ordonne la fillette.

Sûre d'elle, Antonia s'élance sur la scène. Ferdinand qui joue un berger entre à son tour, bientôt suivi de Maximilien qui interprète Cupidon dans un costume d'or, des ailes dans le dos, un arc et une flèche à la main.

Le ballet est charmant. Aucun faux pas n'est à déplorer. Et lorsque les applaudissements crépitent, Antonia est ravie ! Quel bonheur de se donner en spectacle !

Danser, jouer la comédie, parader dans de belles étoffes, se faire admirer des grands et du peuple, voilà qui est bien plaisant lorsqu'on est jeune et jolie ! Antonia souhaite que cette existence de fêtes et de joie se poursuive indéfiniment !

Épilogue

Il semble que les drames se soient enfin éloignés de la famille impériale. Joseph a une nouvelle épouse qui donnera bientôt un héritier à l'Autriche. Christine et Amélie espèrent obtenir l'autorisation de se marier avec les gentilshommes dont elles sont éprises. Élisabeth dont la beauté est au zénith attend de savoir quel roi ou quel empereur sa mère lui choisira. La pieuse Anne dont la santé est chancelante souhaite devenir abbesse dans un couvent. Josépha prie pour que son mariage avec Ferdinand 1er n'arrive pas trop vite.

Quant à Charlotte et Antonia, toujours prêtes pour les farces, leur complicité se renforce au fil des ans.

Mais qui sait ce que l'avenir réserve aux sept archiduchesses ?

Retrouvez les aventures de Marie-Antoinette dans le tome 3 : *Premiers chagrins*

Principaux personnages de la famille Habsbourg

Marie-Thérèse de Habsbourg
impératrice d'Autriche, reine de Hongrie
et de Bohème (1717-1780)
François-Étienne de Lorraine
son époux (1708-1765)

Ils eurent 16 enfants (11 filles et 5 fils). J'ai choisi de parler de la vie de 12 d'entre eux. Les enfants ont grandi. Nous sommes en 1762.

Marie-Anne
Née en 1738.
Elle a 24 ans.

Joseph
Né en 1741.
Il a 21 ans.

Marie-Christine, dite Mimi
Née en 1742.
Elle a 20 ans.

Marie-Élisabeth
Née en 1743.
Elle a 19 ans.

Marie-Amélie
Née en 1746.
Elle a 16 ans.

Pierre-Léopold
Né en 1747.
Il a 15 ans.

Marie-Jeanne-Gabrielle
Née en 1750.
Elle a 12 ans.

Marie-Josépha
Née en 1751.
Elle a 11 ans.

Marie-Charlotte
Née en 1752.
Elle a 10 ans.

Ferdinand
Né en 1754.
Il a 8 ans.

Marie-Antoinette
Née en 1755.
Elle a 7 ans.
Elle est appelée par sa famille Antonia,
Madame Antoine ou même l'Antoine.

Maximilien
Né en 1756.
Il a 6 ans.

L'auteur

Depuis plus de trente ans, Anne-Marie Desplat-Duc a publié près de cent romans dont beaucoup ont été primés. Rien de surprenant quand on sait que sa passion est l'écriture et qu'elle y consacre tout son temps. Comme elle aime les enfants, c'est pour eux qu'elle écrit des histoires qui finissent bien. Elle est l'auteur de la série à succès « Les Colombes du Roi Soleil » et de la série « Marie-Anne, fille du roi ». Vous pouvez découvrir tous ses romans sur son site Internet :

http://a.desplatduc.free.fr

L'illustratrice

Installée depuis quelques années à Nantes, Le Lapain (Karine Pain Genteur) a laissé de côté pour le moment son travail de graphiste pour se consacrer à sa passion pour l'illustration. Au milieu d'un joyeux bazar, elle crée des images vintages, joyeuses et pleines de vie, célébrant – jamais sans une pointe d'humour – ces petits moments qui composent l'enfance.

@lelapain